ココナッツの木の下で

56才からのハワイ大学留学記

まえがき

人生を振り返って、心に強く残っていることは、小学校、中学校、高校の教え子たちとの楽しく懐かしい想い出の数々です。五十過ぎになっても独身だった私は、なんとかして広い視野を持ちたいと思い、留学の道を選んだのです。そしてまた、長いこと高校で英語を教えていたので、国際交流の面で少しでも役に立ちたいと考えていました。

ホノルルにあるハワイ大学は、札幌の北海道大学のように広々とした長閑《のどか》なキャンパスでした。学生数およそ一万五千人、そのうち留学生は二千人くらいの規模で、日本人は三百人程度。その他、アジアの国々―中国、韓国、フィリピン、インドネシアなど。そしてまた西洋の国々からの留学生もおり、人種の『展覧会』みたいな感じでした。多民族国家アメリカと言われていますが、それと同じくハワイでもそのように感じました。

明治から大正にかけての頃、経済的に貧しかった西日本――広島や山口、福岡や沖縄の農家の二男・三男の人たちは、ブラジルやアメリカ本土やハワイなどに移民として旅立ったのです。

第二次世界大戦は日本の真珠湾攻撃によって始まりました。現地に住む日系のアメリカ人たちは非常な苦難に遭うことになったのです。米本土に住む約十二万人の日系人たちは西海岸に造られた収容施設での生活を強いられました。現在、観光地としての魅力を十二分に発揮しているハワイですが、裏側の歴史を認識することも必要であると考えます。第二次大戦中ヨーロッパでドイツやイタリアと戦っていた米国は、米本土やハワイに住む若い日系人の志願を受けて派兵したとのことでした。

戦争の被害はお互いの国の歴史に悲しい現実を残す以外の何ものでもありません。三番目の私の兄は大戦中、海軍兵となり、横須賀の基地から広島の呉港に行き、南方に派遣され、フィリピンのレイテ島でアメリカの潜水艦により攻撃を受け、帰らぬ人となりました。兄は私が田舎の小学校二年生の頃に出征。アメリカのB29爆撃機は毎日のように襲ってきました。御前崎南方海上から北上し、富士山方面を目指して東に旋回し、静岡などの都市を爆撃し、何千人もの死傷者を出し、古里の田んぼの上にたくさんの灰が積もっていたのを記憶しています。

毎朝小学校に登校しても空襲警報の知らせがあると、急いで帰宅しなければなりませんでした。今思えば、うそのようです。祖国日本を守るため、兄は二十三歳の若さで亡くなりましたが、もしも現在生きていたとしたら、どのような思いでこの世界を見ていたでしょう。

広島、長崎、そして沖縄などでは何万人もの人が尊い命を失いました。本当にかわいそうでなりません。これらの事柄はすべて戦争のもたらした結果なのです。次の世代の若い人たちは、このように悲惨な戦争を決して起こさないようにと願うばかりです。

そういう意味もあり、私はこの本を作りたいと思うようになったのです。歴史を振り返ってみると、次から次へと戦争の歴史が連なっております。どうしてなのでしょうか。理解に苦しみます。ハワイ大学キャンパスの前に書かれていた「世界人類が平和でありますように」との言葉が心によみがえってきます。

十八世紀のイギリスの産業革命以来、人々は外の世界へ度々出るようになりました。その結果、対立や紛争が起こり、戦争になったのです。素晴らしく美しい自然の地、ハワイに留学したことは本当に良かったと感謝しております。いろんな国から来ている留学生や日系アメリカ人の『アロハスピリット※』は、忘れられない記憶となりました。

令和五年九月

※「アロハスピリット」とはハワイ語の「ALOHA（アロハ）」の一文字ごとの意味。思いやり、協調、喜び、謙虚、忍耐からも象徴されるハワイで受け継がれてきた「心の在り方」

※価格等は留学当時の金額です

目次

第一章

初めてのハワイ――29才の夏期講習

留学を前に――一カ月のハワイ滞在記

昭和四十五（一九七〇）年七月下旬の夏休みに入った頃、羽田空港からハワイに向けて朝十時頃の飛行機で飛び立った。機種はＤＣ８であった。

二十九才にして生まれて初めての飛行機で緊張していた。その当時は1ドル＝三百六十円のレートで小遣いも制限されていた。海外旅行も今のように盛んではなかった。ハワイに行こうと思い立ったのは、中学校に勤務していた頃、中部教育事務所の英語指導主事であられた宇佐美先生が学校訪問され、ハワイ大学の東西センターに留学した時の話を職員にしてくださったからである。外国学生課のアドバイザーであるミヨコ中上先生に出会えたのも、宇佐美先生のおかげであった。太平洋の日付変更線を越すアナウンスを聞いてしばらく後、ホノルル空港に降り立った。時間はさかのぼって前日の夜であった。上空の星々の輝きと下界の街々の灯りは夢の世界にいるかのようだった。

ヌアスＹＭＣＡに宿泊し、毎朝ダウンタウン行きのバスに乗り、大学前で降り、サマースクールに出席した。期間は短く、あまり英語の勉強には役立たなかったが、大学の雰囲気を味わうことはできた。色とりどりの服装をした学生がおり、熱帯植物が茂るキャンパスの中に白い建物があちこちに点在していた。東西センターは、アメリカとアジア、太平洋諸国の人々との間で、教育と研究のプログラムを通じて相互理解を促進するために設立されたもので、世界各国からの留学生がたくさん見受けられた。

十二、三階建ての留学生会館の前には、ケネディセンターがあった。土日を利用してアロハエアラインで東京から大阪ほどの、一時間くらいの距離にあるハワイ島・コナへ向かった。上空から見ると木々の間に住宅は見えるのだが、地上に降りると数々の木々が伸びていて分からなかった。知り合いのお宅に泊まり、次の日その家の人の案内で朝から一日かけて島巡りをした。キラウエア火山は煙を吐いており、ヒロの港には海軍の船が停泊していた。その当時、富士山より高い山がハワイにあるとは知らなかった。

時々雪も積もるというマウナロア山である。裾野一帯は広大なパーカー牧場で馬が無数に放牧されていた。現在コナはリゾート地として開発され、大きなホテルもあるようだが、以前は静かなところであった。日本では目にすることがないさまざまなジュースが並んでいる自動販売機をハワイで初めて見て、パイナップルジュースを飲んだのを覚えている。ホノルルの街の美術館やマーケットプレイス、パイナップル畑、そして真珠湾、真っ青な海や空、緑の木々、太平洋のそよ風吹く島々…。現在のハワイは当時と比べてどうであろうか。恐らく、美しい自然を破壊し、急激な開発がされているに違いない。

ハワイは今でこそ観光客がどっと押し寄せる島となっているが、交通機関の発達でそれだけこの地球が狭くなってきていることだと思う。世の中が便利になることは悪いこととは言えないにしても、あちこちの国や自然や独特の文化や伝統が失われていくのは悲しい現実である。ニュージーランドへ行った時に感じたことだが、本当に自然が豊かで、農業国で大地の国だと思った。人は便利になることだけ考えていいのだろうか。時には不便さがあっても良いのではないかと思う。「狭い日本　そんなに急いでどこへ行く」という交通標語が昔あったが、もう少しゆったりしたいものだと思う。

若い時の初めての海外旅行は、本当にその人に強烈な印象を与えるものだ。海外を旅して感じることは、顔かたちや風俗習慣など異なっているにしても、そこにもここにも我々と同じ人間が、日々の生活を喜怒哀楽の世界で生きているのだということだ。

ハワイの印象

ハワイは夢の島、世界のパラダイスだと言われている。北太平洋にふさわしい強烈な色とりどりの花、滴るような緑の木々、エメラルド色の海、明るい太陽。そして、そこに住む人々の歴史と生活がある。

ハワイの地理と歴史

ハワイ諸島は太平洋の真ん中よりややアメリカ寄り、東京から約六千五百キロメートル、サンフランシスコから約三千八百キロメートル離れた太平洋上に、北西部から東南部に並ぶ群島で大小取り混ぜ約一三二の島で構成されている。そのうち主な島はハワイ、マウイ、カホオラウェイ、ラナイ、モロカイ、オアフ、カウアイ、ニイハウの八島である。陸地の総面積は約一万六千平方キロメートルで、日本の四国とほぼ同じであり、人口は約一四四万人。アメリカ合衆国第五十番目の州であり、気候は一年を通じて温和で、日中戸外ではかなりの暑さであるが、年中北東からの貿易風が吹き、木陰に入れば涼しさを感じるほどである。

イギリスの探検家、キャプテン・ジェームズ・クック（一七二八〜七九年）が一七七八年にハワイ諸島を発見した。同キャプテンのパトロンであり、サンドウィッチの名付け親といわれるサンドウィッチ伯爵にちなみ、ハワイをサンドウィッチ群島と名付けた。キャプテン・クックは一七七九年、ハワイ島のケアラケクア湾で、原住民との争いに巻き込まれ、悲運な最期を遂げている。当時の土着していたポリネシア人は、いくつかの王国に分かれ、群島に割拠していたが、カメハメハ一世が一七九五年に中央政権を打ち立て、一八一〇年に各王国を合併統一した。王の子孫による政治が一八九四年にハワイ共和国ができるまで続いている。この頃、アメリカ人などによる砂糖栽培が盛んになり、王位を追われたリリウオカラニ女王（アロハ・オエの作詞・作曲者）は、ついに一八九五年に退き、ハワイは一八九八年にアメリカに併合された。州昇格の申請を米議会に送り、何回も繰り返された結果、一九五九年にアメリカ五十番目の州に認められた。

カメハメハ大王立像

雲の上にて

昭和四十五（一九七〇）年、七月二十五日、午前十時、羽田空港発、サンフランシスコ行き、日航十和田号（DC8）はエンジンの始動とともに全速力を出し尽くしたかのようにして離陸すると、瞬く間に雲の上に出た。東京湾に浮かぶ大きな船がまるでアリのように小さくなっていく。窓の外は雲海が続いており、真っ白い綿を敷き詰めたようだ。雲の切れ間から見える太平洋は真っ青く、さざ波を立てているかのように見えた。空も青くすばらしい眺めである。時間的にはジェット機で約六時間半で行けるのであるが、太平洋は全く気の遠くなるほど広いと実感した。羽田から隣に座ったアメリカの医学部の学生とタイの留学生と知り合いになり話をする。アメリカの学生は夏休みを利用して東南アジアを旅行しての帰りらしい。タイの学生はこれからサンフランシスコの大学へ行くとのことであった。機内では退屈になってくるのでどちらともなく話すようになるものだ。人間心理の機微かもしれない。日付変更線を越したのが午後二時二十分で、ここから日付が二十四日に逆戻りする。あたりがだんだん薄暗くなり、次第に外の景色は見えなくなってしまった。機内にハワイアンメロディーが流れてくる。アナウンスとともにシートベルトの用意に入り、機は傾き始める。空から見たホノルルの街の灯りは星を地上に散りばめたようにキラキラ輝いていた。大昔の人々は自由に空を飛んでいる鳥のようになりたいと願っていた。それが今では人間の素晴らしい力によって夢ではなくなったことに対して、嬉しさと恐ろしさにも似た感情が湧いてくるのを否定することができなかった。

ホノルル美術館にて

ホノルル北部ベレタニア通りは北西に延び、その道に沿って北側にホノルル、アカデミーオブアーツがある。大きいとは言えないにしても、静かなたたずまいをしており、平屋建ての建物に入って行くと、中央にマリアの像。滴るような緑の木々の間にひときわ目立って見える石畳の廊下では数人の小学生が熱心に絵を描いていた。案内の人にパンフレットを頂き、一巡する。ここには東洋と西洋の美術品が陳列されており、観覧者は少なかったが、サマースクールの人たちがそれぞれの部屋で講習を受け、学生たちがカンバスに向かって熱心に活動していた。案内の人に写真を撮っていいか尋ねると、撮った写真を売らなければいいと許可してくれた。日本の昔の美術品がここに置かれていることに、私は何か誇りに似たものを感じながら、強烈に輝く太陽の下に照らされているベレタニア通りを横切り、手前のトーマススクエアの木陰のベンチで、小さな池で水浴びに興ずる子どもたちのはしゃいだ姿を眺めながら一休みして、歩き出した。

セントラル　インターミディエイトスクールにて

この学校では夏休みの補習授業を行っていた。教室の正面の壁には小さな星条旗が掲げてあり、広い講堂の壇上の両側にも立てられている。もちろん病院や各官庁などにも例外なく掲げられているところが多い。また、この学校の生徒手帳にも国旗掲揚の項目が挙げられ、フラッグエチケットとして書かれている。前日に受付でお願いしておいた授業を見せていただく。原住民ばかりの生徒が、女の先生の指導で歴史の勉強をしていた。どっしりとした感じの建物である。どのクラスも静かに授業を受けており、廊下にもグラウンドにもほとんど生徒たちを見かけることはなかった。しかしＹＭＣＡやワイキキの海岸や公園などでは子どもたちが遊んでいる姿を見かける。毎朝六時半ごろ、バス乗り場の脇に新聞売りの少年が立っていて、乗用車で通勤する人々に新聞を売っていた。毎朝所々に自動車の流れが止まるのを待つ、新聞を抱えた少年の姿があった。またスーパーマーケットや食堂などには、アルバイトをしている学生をたびたび見かけた。夏休みに稼いでおけば十分学費の足しになるようである。

ハワイ島キラウエアの頂上にて

ハワイ島は群島の最南端にあり、オアフ島のホノルルから飛行機でおよそ一時間のところにある。各島間の連絡はハワイアンエアラインなどの定期便があり、一部はプロペラ機である。ここは四国の半分よりやや大きいくらいの面積で、他島よりも飛び抜けて大きいので、ビッグアイランドと呼ばれている。中央北寄りには、マウナケア（標高四千二百五メートル）、南寄りにはマウナロア（標高四千百七十メートル）が雄大にそびえ、海岸線は飛行機から見下ろすと、果てしなく溶岩流の跡を残しているのが眺められる。黒ずんだ木々や岩石が、ひときわ目立って見えた。キラウエア活火山はマウナロアの東南にあり、現在でも煙を吐いている。その頂上の一角には国立火山観測所が、大火口を見ることができるよう火口縁の断崖上に建てられている。朝日を受けたマウナロアの遠望は紫色とも青色とも似つかぬ色をしており、皿を裏返した格好で、裾野を果てしなく広げているようでもあった、東部海岸のヒロ（ハワイ州第二の都市）からの山々の眺めもまた素晴らしいものである。ヒロ湾の海岸線にはヤシの木が立ち並び、住宅地は高台に沿って点在している。ハワイ島はオアフ島と違って人口も少なく、広々とした原野や熱帯植物が生い茂っており、人影もない平原や白波がくだける海岸など、自然の景観に変化が多いことが大きな魅力と言ってよかろう。空の色も、油絵具の青を真っ白な紙に塗りつけた以上の感じであり、火山の溶岩流が流れた平原地帯では、ほとんど雨が降ることがなく、大きなサボテンがあちこちに生えており、あたかも月の砂漠を思わせるかのようであった。沿道で目に入るのは、すべてパーカー牧場であり、家畜が一体どこにいるのかと思うくらい広大なものであった。

北東部と南西部、それに高山と平地では、それぞれ気象状態が異なるのも興味深い。ヒロと並ぶ観光の起点コナにも空港や近代的な設備を施したホテルや商店街がある。キャプテン・クックの記念碑は、その南約二十キロメートルのところにあり、白亜の記念碑は入江の断崖の下で、陸路では行くことができず、遠望するしかない。巨大都市ホノルルとは違い、このビッグアイランドはさらにゆったりとした風情を成しており、趣が異なっていることがはっきり分かる。

ハワイ大学にて

大学はワイキキより東北の丘陵にあり、ハワイ州唯一の総合大学で一万五千人を超える学生と千人以上の教職員がおり、構内の北側の地にアメリカとアジア、太平洋諸国の相互理解を促進する目的で設立された東西センターがある。このセンターには米国本土、日本、インド、フィリピン、オーストラリア、ニュージーランド、タイ、ビルマ、それに太平洋に浮かぶ小さな島々の留学生に至るまで、多種多様な人たちが熱心に、伸び伸びとした雰囲気の中、明るい太陽の下で、勉学や国際親善に勤しんでいた。日本の大学には見られない「明るさ」がある、と言ってもいいかもしれない。構内はあたかも大植物園か公園のようでもあり、キャンパスにはいたるところ緑の絨毯を敷いたように芝生が敷き詰められている。可愛らしい鳩が木の下にいるが、人なつっこく、逃げようとしないのには驚かされる。

キャンパスの北側には東西センターの建物があり、十三階建ての学生寮はひときわ威容を誇っている感じで、その西側にはロビーや食堂のあるジェファーソンホールと、道一つ隔てて南にケネディ劇場がある。各国の学生を見れば、まさに人種の展覧会のようだ。夏期講座へは米本土から毎年何千人かの人たちがやって来るそうで、あらゆる階層の人たちがいた。小・中・高の先生たち、会社員、銀行員、軍人、若い人から老人に至るまで学問を身に付けようとする態度には感心させられるものがある。ネクタイをしめている人は少なく、半袖シャツか、さもなければ色付きのシャツを着ており、またゴム草履を履いている人も多く、中にはキャンパス内をはだしで歩いている人たちもいた。カリフォルニアから来ている学生は日本の俳句を作っていたし、日本語講座で勉強している学生もかなり多い。あごひげをはやした学生、日本人かどうか見分けがつかない二世の学生、教授か学生か、見たところちょっと分かりかねる人たちなどさまざまである。図書館は正面から入って右側にあり、入るには売店と同じく自分の荷物を持ったままでは入れないことになっている。構内には所々、ジュースやタバコの自動販売機が備え付けてあり、学生たちは講義が終わるたびに飲んでいた。大学の食堂は無論セルフサービスである。

私が参加した夏期講座は第一回が六月二十一日より七月三十日、第二回は八月二日から九月十日まで行われ、私は第二回に参加した。

初日は十時に始まり、名前のアルファベット順に長い列を作って並んだ。毎朝五時半過ぎに起き、軽い食事を取り、七時四十五分からの授業に遅れないようにバス乗り場へ急ぐ。鉄道がないため、バス路線の発達と自家用車の普及は目覚ましいものである。最低でも一家に二、三台は車があるとのこと。車の免許も簡単に取ることができ、日本のように自動車教習所は特にないそうだ。正門で青いシャツとズボンを身に付けた守衛のおじさんが、毎朝交通整理や訪問者の案内をしている。講習を受ける学生たちが三々五々、朝の構内に集まってくる。学生たちは大学近くの寮にいる者と、車で来る者、バスで通う者、およそこの三つに分かれるようである。東西センターの寮には各国からの学生が五、六百名ほど入っており、一部屋に三人ずつ割り当てられ、十人につき一つずつラウンジが設けられている。東西センターは一九六〇年、東西間の文化的および技術的交流を提供する教育研究機関として、米国議会によって設立を承認された。翌年五月、当時副大統領であったリンドン・B・ジョンソンはハワイ大学のこの地をセンターの敷地と定めたわけである。学生たちはここで一定期間勉強し、その後アジア、太平洋地域の学生は米国本土の大学で学び、アメリカの学生はアジア、太平洋地域の諸国で勉強する。アジアの学生でこのセンターの試験を受けるために、二十八日間もかけて試験会場に来た者もいるそうだ。このセンターの立案者であり、初代総長代理でもあったマレー・ターンバル教授は、その趣旨を次のように述べている。

「東西センター設立の目的は、人と人との相違をなくそうとすることではない。むしろお互いに違っているところを尊敬しあい、力強い実りのある平和な生活を築こうということだ。誰もが同じようになることを願うのではない。知識と洞察とによって、お互いが理解し合い、お互いの相違をむしろ共通なものの強化に活かして一つの社会を創り出したいというのである。各自の個性は失うのではなく、それを活かさなければならない。そして多様の中から統一を生むことに努めよう。そ

東西センター

の統一に向かいながら、その真髄である多様性を守り続けよう。我々が与えるが如く、我々にも与えられたいと願おう。アジアと太平洋地域の人々に捧げるもの、それはただ一つ、仲間としてお互いに認め合うこと、それを我々は念願するのである。」

このようなセンター設立の目的の下に集まってきた学生たちは、それぞれの国の特色を生かしながら、国際親善と国際理解を深めている。本部事務局の裏手にある日本式庭園は、日本の財界から寄贈されたもので、漢字の「心」という文字をかたどった池と川の流れ、これは日本国民からの「心からの」友情を物語るものだそうである。そこには灯籠も建てられていた。売店の入口の横には世界地図が貼ってあり、その前のベンチに座り、私は世界地図で遠い日本の国を眺めた。異国へ来ているのだと思った。

太陽の街ホノルル　真珠湾とパンチボウル

南国特有のムードを漂わせているハワイの人々は、素晴らしい気候のせいでもあると思うが、陽気でハワイアンホスピタリティにあふれている。このような性格と観光地としての性格とがうまくマッチしているからこそ、人々にとっての憩いの地として発展を遂げているのだと思う。もちろんホノルルは世界的観光地であるばかりでなく、政治的、軍事的にもアメリカの重要な拠点として役割を果たしている。ホノルル西部にある真珠湾は、日本とアメリカの大戦のきっかけになった所であり、湾内にはアリゾナ号記念碑が建てられている。真珠湾を眺めながら、私は戦死した兄のことを想い、パンチボウルの丘では、その目覚ましい活躍によりアメリカ人から信頼を受けたといわれる４４２連隊のことを思った。

パンチボウルはホノルル市街北部の山の手にあり、第二次大戦や朝鮮動乱、さらに二世部隊の兵隊たちが眠っている丘で、展望台から南を望めば市街が一望のもとに眺められ、はるか東の彼方にはダイヤモンドヘッド、西には真珠湾がある。市の北部にそびえるコオラウ山脈の山裾の傾斜地には、かなり高いところまで住宅地が広がっており、明るい日差しと紺碧の海と空と緑の木々がまぶしいくらいに感じられる。咲き匂う色とりどりの花々…。本当にせせこましい感じがしない街である。騒音があふれ混雑している日本の大都市を想像すると、ちょっと気の抜けた感じがするくらいゆったりしており、清潔そのものといった感じの都会である。

ワイキキ海岸近くのカピオラニ公園はハワイ大学と同様、辺り一面芝生が敷き詰められており、家族連れがピクニックして休日を楽しんでいた。ワイキキの繁華街や下町は賑やかではあるが、車を利用するためか、ほとんど人を見かけないくらいである。乗用車も日本の車はあまり見かけず、大型車がほとんどだ。工場があまりないためか、日本のようにトラックが走っているのを見ないのには驚く。道を歩いていてもほこりがたたないため、靴を磨かなくてもいいし、暑いけれども湿度が低く、汗が出ないのは大助かりであった。主要道路は片側三車線のハイウェイで、交通規則も実によく守られている感じである。バスは市内を縦横に走っており、一回二十五セントの切符で乗れる。全てバスガイドのいないワンマンカーで、観光客のためにリムジンもある。街の通りを眺めて見ると、一般商店は八時半から五時頃まで開店しているが、土・日曜になると閉じている店が多い。デパートに入ってみると、日本製の商品もかなり進出しているようで、日本語のできる店員を特別に置いているところもあった。ラ・ロンド（当時）に隣接するアラモアナショッピングセンターの規模は大きく、巨大な地下駐車場には五千台以上の車を収容できるとのこと。この一角に居酒屋の白木屋が小さな店を出していた。また下町にあるスーパーマーケットにもあらゆる商品が陳列されており、利用客は一般商店よりもむしろ多いようにさえ思われる。買い物をする時には、どれもタックス（州税）が加算されるので、ややこしい感じである。物価の一例をあげてみると、電話料十セント、バス代二十五セント、ジュースは十セント、タバコが三～四十セント、食事は最低五十セント～三ドル見当であろう。一般サラリーマンの給料は二百五十ドル～三百五十ドルくらいと見受けられる。だいたい一ドルが日本の百円に値するかもしれないと思われる面もあるけれども、その物の価値によって決められるので、この辺りの判断は難しいと言える。給料も高い割に物価も相対的に高い（本土と比べて）ので、一般的に言えば、やはり生活程度は日本よりも幾分余裕があると言えるかもしれない。

交通機関の発達により、ハワイでも自動車が足代わりになって、歩くことが少なくなったと地元の人が嘆いていた。生活の合理化に伴って文明のひずみがこんなところにも波及していると改めて痛感せざるを得ない。

外国を旅行すると道路が完備され、街並みが整然としていることに驚くと耳にしていたが、ホノルルも例外ではない。十数階建てのデラックスなホテルやアパートが建っているところを見ると、この都市の発展ぶりがうかがえる。下町のスナックバーで買ったジュースを歩きながら飲む人をよく見かけたが、日本なら恥ずかしいと感じそうだ。それがハワイでは恥ずかしくないから不思議である。生活環境の相違なのだろうか。ハワイは夢の島、太平洋の楽園、世界のパラダイスとまで言われている。それが実際どのようなものであるか、留学する前までは興味のある事柄であった。「百聞は一見に如かず」と言うが、行ってみれば確かに素晴らしいところである。それは自然の美しさであり、地理的、気候的に恩恵を受けているハワイの人々の生活や、物の考え方にもそれらが影響を与えていると思う。未来に可能性を持つ若い人たちは、国際的視野と見聞を広めるために、将来どんどん海外に目を向けてほしいと思う。若い時は誰でも将来に夢や希望を持っているものである。希望があるからこそ、私たちはこうして生きていられるのかもしれない。二度とはない君たちの青春はそれだけに尊く、それだけに私たちは足元を見つめて歩くことを忘れないようにしよう。一つの目標を持ち、自分なりに信念を持って、それをやり通すことは実に大変なことであり、口で言うほど簡単なものではないことは分かっている。しかし、努力すれば何らかの道が開けてくることを信じて生きたいと思う。世の中には幸福な人や不幸な人々がたくさんいる。私は皆が幸せで希望あふれる世の中を作るために勉強するのである。

逆説的ではあるが、地球は狭く、そして実に広いということを、地球のどこへ行っても人間はたいした違いがないということを、私はこの旅行を通して、身を持って感じ取ることができた。異国へ行って自分の帰る国があるということは、考えてみれば幸せなことである。帰る国がなかったら、私たちはどこへ行ったら良いであろうか。ＹＭＣＡの年老いたおばあさんが、毎朝部屋に手押し車を引いて掃除しに来ていた。私は腹が少し痛かったので水道の横で薬を飲んでいたところ、「No place like home（我が家に勝るところはない）」と言っていた。また「Never too old to learn（学ぶのに年齢は関係ない）」とも。その言葉が今でも私の胸に鮮やかに残っている。人生も一種の旅であると言えるかもしれない。

約一カ月の滞在中、私はたくさんの人に会い、見聞を広め、善意あるもてなしを受けた。この地球上には私たちと同じような人々が、喜び、怒り、哀しみ、笑いながら生活していることを思い起こす時、人間の偉大さと、哀れさと不思議な感情でいっぱいになる。眼下に真珠湾とパンチボウルのある太陽の街・ホノルルを眺めながら、マハーロ（ありがとう）、そしてアローハ（どうぞ）と口ずさんでいた。

のぞみ

真っ青な海
真っ青な空
みどりの木々
まぶしい太陽
人々はゆく―どこかへ
海だろう
きっと海だろう
この島は小さいけれど
すばらしく大きな海があるから――
ワイキキ、ワイキキ　世界中から人が集まる
のぞみを抱きながら…人生に…

ワイキキの幻想

空がこんなに青いので
太陽が　まぶしく
緑の木々が
明るく伸びている
遠い海と
空の果ては
何だろうと
木陰に　佇んだのは
ナゼ、だったのだろう。

人は歩いているのに
空が、真っ赤に変わってゆくのに
どうして　真珠湾の上に
つんざく音をたてて
ジェット機が
舞い上がるのだろう。

涼しい風が吹いて
暑い昼下がりの街角に
ウクレレを　弾いていた
若者と娘は
どうして　さみしさを
かくしていたのだろう。

人通りのまだない朝の
ビルの谷間を
二十五セントのバスの窓に
うつろな　眼を向けて
遠い故郷を　想ったのは
あれは
まぼろしだったのだろうか。

第二章

留学中の生活

ハワイ大学（通称ＵＨ）

創立一九〇七年のハワイ大学は、一〇〇年以上続いていることになり、本校であるマノア校以外に、ヒロ校、ウエストオアフ校の四年制大学と、七校のコミュニティーカレッジ（ハワイ、ホノルル、カピオラニ、リーワード、ウィンドワード、マウイ、カウアイ）で構成される、全十校からなる総合大学である。学生数は五万人を超えると言われているマンモス大学だ。特に、東西センターには、アジア太平洋地域出身の研究者や大学院生が在籍し、その名の通り東西の交差点としての役割を担っている。

またハワイ大学は、農業、水産、観光分野に特色があり、さらに日系人の多いハワイでは日本学の研究の熱意が高まっている。

ホノルルにあるハワイ大学マノア校は、空港からバスなどで約一時間の地点にあり、広いキャンパスは芝生や熱帯樹などが美しく、のんびりと感じられる。ワイキキから山側にあるキャンパスには、時々観光バスも止まっていた。マノア校への通学方法は、地元の学生は自転車やオートバイ、乗用車、そしてバスを利用し、他島や海外からの学生は学生寮や大学近辺に下宿した。

大学の入学式はハワイ大学では開かれることはなかった。その代わりか、卒業式は父兄や友人など大勢が参加し、盛大に行われることに本当に驚かざるを得なかった。

オバマ元アメリカ合衆国大統領の父親はケニア出身（黒人）で、スカラーシップ（奨学金）をもらい、ハワイ大に留学。母親（白人）は本土から来てハワイ大に留学したとのことである。オバマ元大統領はインドネシアに渡り、その後コロンビア大学に留学。弁護士になり、大統領選に出馬したが、彼の誕生の地、「古里」はハワイだったのだ。東西センターがあるハワイ大学は、これからの国際交流の原点になってほしいと思っている。

第二次世界大戦のきっかけとなったハワイで、次の世代の若い人々が人種の多様性を学び、世界の平和のために頑張ってくださるよう心からお願いする。

ハワイでの下宿生活

最初に下宿した家は、サリーマムさんの家だった。ハワイ大キャンパスの掲示板に下宿人募集が出ていたので決めたと思う。九月三十日に静岡を出て、ハワイには三十日の朝着き、十月一日にヘルプコース（UH）に行く。アラモアナのセントラルYMCAに七日まで泊まり、八日の十二時過ぎ、サリーマムさんが迎えに来てくれて、マノアの家に落ち着いた。

ハワイに来てからひと月が過ぎた。サリーマムさんの家は新築の大きな家で、隣は不動産の事務所みたいだ。一階の部屋は七つくらいあり、二階にもたくさん部屋があるみたいだった。暮らし始めてひと月経っているのにまだ、ここの皆さんがどこの部屋にいるのかはっきり分からない。あちこちの部屋から食堂や居間に集まってくるみたいだ。あちこちの物置にいろんな物が置いてある。子どもは六人いて、にぎやかで、和やかな家庭だと思う。ホノルルに来てまだホームシックにはかからないようだ。真っ青な海と空と、緑の木々は確かに素晴らしいと思う。これがハワイの魅力なのだ。

ハワイ大学生の服装

下宿部屋

ハワイ大学キャンパス

ハワイ大の学生の服装で一番多いのは半袖Tシャツ、短パン、そしてリュックサック、スポーツシューズ、というスタイル。中には男性でジーンズ、長ズボンの人もいる。女の子は半袖、短パン、中にはジーンズやパンツ姿。そして男女ともサングラスをかけ、カラフルな感じのする大学である。木々や芝生など緑が多く、自然が好きな人にとっては素晴らしいキャンパスだと思う。花壇には花々も咲いている。ハワイパシフィック大学にキャンパスはなく、通りのベンチに大勢の学生が腰かけていたのには驚いた。ハワイ大でもネクタイをしている学生を見ていないことに驚いたものだ。初めての留学なので見るものすべてが珍しかった。

ハワイでの海水浴

もうすでに二十回以上、ハワイで泳いでいる。習慣になってきたみたいだ。ワイキキの海岸はいつも人でごった返していて、泳ぐ余地がない。ワイキキで泳いだのはたった二回かなと思う。アラモアナの海岸は土地の人々が泳ぎに来るようだ。そんなにたくさんの人ではないので、ゆったりと泳げるし、波も穏やかでいい所だと思う。海岸には緑の多い広い公園があり、人々は焼肉やジュースなどを手に、家族連れやグループなどで思い思いにパーティーを楽しんでいる。簡易ネットを張り、バレーボールをやっている人たち、ベンチで読書をしているアベック、ごろ寝している人たちとさまざまだ。大きな木があり、木の下は涼しく、太陽が海辺を照らすと肌を刺すように暑いと感じる時がある。炎天下では猛烈に暑く感じるのに、木の下に入るとなぜか涼しい風が吹いていて、ほっとするのだ。これがハワイの気候の良さなのかもしれない。ハワイでは、ただ海へ行くのが楽しみだった。泳いでいれば、お金がかからないのがいい。観光地なので物価が高いハワイでは、生活費も高くて大変だ。海につかって遠くへ飛んで行く飛行機などを眺めて泳ぐのもロマンチックなものだ。遠くにヨットが浮かんでいる。大きな船、小さな船、遊覧船も遠くに見える。そんな景色を眺めながら、ぼんやり過ごすのもいいものだ。そして俗世間のことをあれこれ考えるのも……。

ハワイの日本語教育

ある日の夕方、マノア日本語学校を散歩がてら訪ねてみた。こぢんまりした建物が二棟建っている。女性の山域校長先生に会う。初対面だ。職員室で話を聞いた。沖縄出身で大学の英文科を出てハワイ大学の大学院に入り、英語教授法から図書館学専攻とか。この日本語学校は、ハワイで二番目に大きい八十年の伝統ある学校で、昔は何百人もの生徒が来ていたが、最近は無理して日本語を習いに来ている子どもが多いのと、おじいさんやおばあさんが「行け」と言うので、仕方なしに来ている子が多く、教えるのが大変とのこと。子どもが少なくなってきているそうだ。毎日コースは一時間くらいで、十二ドルくらいとか。月給にはならないようだ。しかも日本語教師が足りないらしい。なり手がないとか。土曜日には遠くから来る子は週一回なのでよくやるとか、なかなか問題があるようだ。

ハワイの日本語教育では一世や二世などの人は子孫に日本語を習ってほしいと望んでいるようだけれど、彼らは時代とともにアメリカナイズされてきて、祖国への思いが薄らいでアメリカが自分たち

マノア日本語学校

の祖国となりつつあるようだ。昔は日本語で教えてよかったが、最近ではそうではなく英語で教えるようになってきたと言っていた。日本への大学留学のための日本語コースを作ったら、若い学生たちが少しは集まってくるだろうか。そうしたら国際交流にも役立つと思う。ハワイ大学の日本語専攻のように学問的でない実用的な受験コースを設けたらどうだろうかと思う。日本の大学もそうすれば外国人学生が増えて、もっと国際化してくるだろう。

ハワイの山

ハワイの山はゴツゴツの岩山。男性的で荒々しい。昔々、噴火した山。緑の草木が覆っている。山々の裾野に家が建ち、見晴らしが良さそう。マノアの奥の山は、登れそうもない岩山だ。道もないだろう。そんなに高い山ではないのに、厳しさがある。その代わり、山の上を通り過ぎる雲が優しい。

貿易風に吹かれて、ハワイの山々はどっしりとかまえているようだ。

ハワイの冬

ハワイの人が時々言う。「冬がやってきている」と。ほんとだろうか。二十℃前後が最低気温で、冬かと思うと奇妙な感じがする。日本が冬になるので、真似して言うのかなとも思う。僕らには寒くなくても、ハワイの人にとっては暑いのに慣れているためか、ちょっぴり涼しければ冬と感じるのだろうか、と思う。東洋スーパーの主人に、「今日はちょっと涼しくて海水浴はだめですね」と言ったら「シベリアから風が吹いてくるから」と言っていた。ここは熱帯なのに、と変な感じがした。

パールハーバー

このところハワイの日本語放送でも、当地の新聞でも、パールハーバーの記事、五十周年特集が多い。「人間のエゴイズム」とも言う戦争は人間の心から発していることを、人間一人一人が考え、認めなければならない。戦争はエゴとエゴの戦い。ハワイの日本語KZOO（ケイズー）放送アナウンサーが言っていた。全くその通りだ。

人類の歴史で、戦争をなくすことが何とかしてできないだろうか。ジョージ・H・W・ブッシュ大統領は昨日の夕方（十二月六日）五時に到着し、ワイキキハワイアンビレッジホテルに泊まり、今朝早くにパンチボウルでスピーチをし、パールハーバーアリゾナ号記念館でスピーチをし、さらにもう一度、湾岸でスピーチをしたらしい。それが終わると、ただちにメインランドへ飛び立ったようだ。戦争は国の指導官が誤った方針を取れば始まるものだ。一般の国民はそれこそ被害者として心身の痛手を被るわけで、なんとしてでも戦争を地上からなくすようにしなければならないと思う。

二軒目と三軒目の下宿

最初の下宿、サリーマムさんの家からハワイ大のヘルプコースに通学していた時、何回かTOEFLの試験を受けたが、日本にいた時と同様に、五百点をオーバーすることができなかった。私立大学であるハワイパシフィック大の英語科に通い、単位を取れば転入できるということを耳にしたので、ダウンタウンにあるパシフィック大に通うため、二軒目の下宿屋さんから通うことにした。下町の通りにあって、学生たちは道路沿いにあるベンチなどに座っているのを見て驚いた。この大学にもアジアやその他の国の留学生が大勢いた。二軒目のカシワさんの住宅は、ハワイ大のすぐ近くでバス停もあり、通うのには大変便利だった。

下宿は学生寮みたいに部屋がいくつもあって、ハワイ大学の学生たちが主だったようだ。下宿のお父さんは日系人で、日本の名古屋や大阪近辺にアメリカ兵として進駐したとのことだった。日系二世のお父さんの父親は広島出身とのこと。私が日本へ帰ってからカシワさん夫妻が来日し、各地を案内した。

私はハワイパシフィック大からようやくハワイ大学に正式入学することができた。後から調べたところ、TOEFLなしで入学できる大学は、アメリカにはたくさんあることを知った。ハワイ大学に入学し、数年後にようやく卒業することができたことを陰ながら応援してくれた人たちに感謝している。留学することは、得意でない科目があると本当に大変だということがよく分かった。むしろ大学院の方が専門一つだが容易なように感じる。

カシワさん夫妻

　その後、大学院に関心を持ち始め、もうしばらくハワイに滞在することになり、三軒目の下宿、キリワキさんのところにお世話になった。大学院の受験もいろんな問題があるようだ。その間、日本の大学院も受けてみたが、問題点があった。人生それぞれいろんなことがあるな、と思う。アメリカの大学はなるべく多くの学生に入学してほしいと考えているのに対して、日本ではなるべく少なくしたいのではないかと思う。
　ハワイでの下宿生活は、多種多様な人種の住む社会の中での一つの経験でもあった。

ハワイの虹を見た

夕方　見た
久しぶりの虹を
ハワイの虹を
七色の虹を――

雲と青空の境目に、虹を見た
美しい大きな虹を見た――

マノアの山裾から空にわたって
ハワイの虹を見た――
〝自然の偉大さ〟を見た

フラダンス

ハワイの所々でフラダンスをやっているグループを見た。ハワイ観光名物の一つだ。有名になったのは理由があるように思われる。

ネイティブハワイアンの人たちが発信したこの踊りは、自然崇拝の心があり、今の時代に本当に必要とされているものと言える。地球温暖化現象によって北極の氷が溶けて、南太平洋の島々に影響を与えている実情を考えてみると、そう思うのだ。

ハワイ大学には「ハワイアン学部」があり、更なる期待を望む。以前は「ハワイアン王国」だった。沖縄の「琉球王国」のように――。

＜留学中のアメリカ本土への旅＞

サンフランシスコからリッチモンドへの旅

五月十日（火）

今日の夜、ホノルルより十時三十五分発ユナイテッド航空にてサンフランシスコへ旅する。初めてのアメリカ本土への旅だ。ハワイパシフィック大学（ＨＰＵ）英語コースにいる友人の河原雅之君が旅の道連れだ。どんな街であろうか。できたら島田市の姉妹都市・リッチモンド市を訪問したいと思う。島商の姉妹校を訪問できるかどうか。今日は良い天気になりそうだ。

朝登校し、下宿へ帰り、夕方六時半頃家を出る。アラモアナバス停で河原君と合流し、空港へ向かう。八時半頃着き、だいぶ時間があるのでレストランに寄り、うどんを食べ腹ごしらえする。最終便なので乗客は少なく空席が目立つ。真っ暗闇の中を一路シスコへ。四時間くらいかかるらしい。

五月十一日（水）

サンフランシスコ市庁舎前

うとうとしながら朝を迎え、シスコに着いたのは朝六時半。外へ出たら、ちょっぴり冷たい風が吹いていた。スーパーシャトルバスを探し、グランドハイアットホテル前で降ろしてもらう。代金九ドル。チップは二ドル。広い道路で車がビュンビュン猛スピードで走っているのを見ると、アメリカに来たんだなと思う。フロントの係の人に日本語で市内観光バスを頼む。九時半頃日本人らしき人が来て出発。マイクロバスだ。ロスから来た日系人とその親戚の日本人など三、四人乗っていた。シビックセンターの広場で降りる。それからツインピークス展望台へ行き、街々を眺める。ここからの眺望が素晴らしい。そして次は西海岸へ。勝海舟やジョン万次郎などが上陸したところへ行く。海は波が荒い。金門橋は美しい花々が印象的だった。瀬戸大橋と比べてどちらが大きいだろうか。こちらの方ががっちりできているような感じもする。観光客も多く、スペイン系の顔立ちをした人がたくさんいた。次はフィッシャーマンズワーフへ行く。

フィッシャーマンズワーフは波止場で、カニやエビの小売店で働く人はイタリア系の人が多く商売していると言っていた。人ごみの中をあちこち歩く。初夏のように明るい日差しだ。十一時半頃、ホテルへ戻ってくる。グランドハイアットホテルは三十六階建ての大きなホテルだ。ユニオンスクエアの近くにあり、ホテルにロータリーがないため車が中に入れない。そのためいつも通りに渋滞が発生していた。ホテルのフロントにお願いしてリッチモンド市に電話をかける。明日十時に迎えに来てもらうことになった。

五月十二日（木）

朝、六時半頃起きた。リッチモンドからの迎えを待つ。十時が約束の時間だ。ロビーに入ってきたのは、手に本を持ったパム（パメーラ）さんという人だ。河原君と三人でパウエル駅のバート（高速鉄道）に乗り、リッチモンドへ向かう。車内はずいぶん空いていた。海底トンネルを抜けてオークランド市を通り、走り続ける。降りた駅はリッチモンドという名前ではなかった。エル・セリート・デル・ノルテとかいう長い駅名だった。駅前は人がいなくて、大きな駐車場があり、パムさんの車はそこに止めてあった。今日も初夏のような良い天気だ。高速道路を使ってパムさんの家に行く。一番上の二十二歳の息子はワシントンDCにいて、二番目の息子はサンノゼの大学、その次は十七歳、高校二年の男の子。三人とも男の子で旦那さんはオークランドの方の会社に勤めているとのことだった。高速道路を出てパムさんの家に到着。あまり大きな家ではなかった。応接間に一匹の猫が留守番をしていた。

五、六分歩いてパムさんの会社へ行く。不動産会社らしい。会社に寄ってそれぞれの部屋で仕事中の人にあいさつした。今日は仕事を休んで僕らのために案内してくれるようだ。仕事場でパムさんはあちこちに電話していた。しばらくしてマクドナルドの店に出かけ、昼食だ。僕は下痢気味なので何も食べずにいた。河原君とパムさんは何か食べていた。

それからデ・アンザ高校へ。中庭に島商から持ってきた木が植えてあったので写真を撮ってもらう。コンピューター室に入ると先生がいた。島商より汚い教室だ。大きな体やいろんな人種の顔をした学生たちが廊下を行き来していた。事務室に連絡し、校長先生に会う。一緒に写真を撮る。島商からの〝風に向かって〟の銅像や写真などを見せてくれた。

　それから外へ出て学生たちと写真を撮った。パトカーが学校の中にいた。校長先生は会議中らしい。非行問題かもしれない。それから市役所へ向かう。秘書室みたいなところへまず行って、それから隣の市長室へ。女性の市長さんで穏やかそうな人だ。川根茶と名刺を渡す。市のバッヂを僕らにくれた。一緒に写真を撮る。市長さんも島田へ行ったことがあるらしい。帯まつりを見たそうだ。そしてパムさんがボランティアの部屋へ案内してくれて、黒人の職員と会う。

　市役所の中はガラス窓がなく、壁の廊下なので、中にいる職員は見えない。市役所の周りは静かな住宅街だ。人の姿がないの

リッチモンド市長と

で妙な感じだ。その後再びパムさんの家へ。
三時頃、旦那さんが帰ってきた。木の下で写真を撮り、これからバークレーのカリフォルニア大学を案内してくれるというので、四人で車に乗り出かける。低い山裾に建てられた大学で、ずいぶん大きな感じがする。百メートルくらいのタワーがあったが、今日は上れなかった。図書館を見てから、近くのバートの駅まで送ってくれた。シスコのパウエル駅に着いたのは五時頃だった。

五月十三日（金）
ゆうべは朝の三時頃まで三十六階のレストランで河原君と飲んだので、今日は眠たくて二日酔い。十一時過ぎに起きてお風呂に入る。彼はとっくに起きていたようだ。今日の観光は河原君がアル・カポネという人の流刑の島へ行ってみたいと言うので、ケーブルカーの始発駅から並んで乗る。シスコ名物ケーブルカーに乗るのは初めてだ。
たくさんの観光客が列を作っていた。波止場の切符売り場へ行き、島へ渡る切符を買おうとしたところ売り切れだった。河原君は明日の九時半頃にもう一度出来るつもりだと言った。ピア39へ行き、店巡りをする。土産店だ。それからてくてく歩いてサンフランシスコ湾へ。街々が見渡せる所だ。エレベーター代は三ドルだった。その後観光スポットとして有名な曲がりくねった坂道まで歩いていく。そして再び海岸へ戻り海洋博物館へ。堀江謙一氏の「マーメイド号」が展示されていた。この街は大阪と姉妹都市（当時）らしく、寄付したらしい。帰りもケーブルカーに乗り、六時頃戻って来る。ずいぶん歩いた一日であった。

五月十四日（土）

今朝早く、河原君はアル・カポネが収監されていたアルカトラズ島に出かけた。僕はホテルの前のドラッグストアに寄り、土産品などを見る。中華航空のオフィスもホテルの前だ。チャイナタウンは歩いて十五分の距離にあるようだ。

午後一時半にホテル出発するとしてシャトルバスを頼む。十二時頃がチェックアウトタイムなので、ロビーで休んでいたら河原君が戻って来た。一緒に空港へ行く。帰りはユナイテッド航空、四時二十五分発。待ち時間が長いのでレストランに入り、お寿司を食べる。巻き寿司で六ドル七十五セント。まずいお寿司だった。空はちょっと薄曇りだ。ハワイ観光へ出かける人や日系人らしき人たちも乗っていた。

ホノルルには六時三十一分着。ホノルルは曇り空。この旅も無事に終えて良かった。長いことアメリカ本土に行ってみたいと思っていたけれど、実現できて良かった。たとえ外国人で顔かたちや言葉が違っていても、やはり人間は同じだな、と思った。

アメリカ大陸横断の旅

七月二十五日（日）

朝五時半にセットしておいた目覚まし時計が鳴らないうちに目が覚めた。五時十分頃だ。出発の準備に取り掛かる。部屋の中を少し整頓する。ひげをそり、トイレに行き、下痢止めの薬を飲み、バッグに必要な物を入れる。六時半頃、下宿を出なければと思い、チャーリータクシーに電話をかける。二十三日まで大学のキャンパス内にいた別のタクシー会社のドライバーから名刺をもらっていたが、そちらはやめにした。スタンドや冷蔵庫のコンセントを抜き、部屋の電気を消し、外に出るとすでにタクシーが待っていた。

六時半過ぎに出発。ハワイアンエアライン入口まで十七・五ドルとメーターが示していたので二十ドル支払う。ハワイアンのドライバーで、もう三十年以上勤めているとのことだった。愛想のいいおじさんだった。空港に六時五十分頃着いて、手続きを七時十分頃に終えた。飛行機は七時五十分発だが、離陸したのは八時十分頃になった。離陸する瞬間、ちょっぴり不安になるのはどの乗客も同じらしい。大丈夫と思う以外、方法はないものだ。パイロットを信じるしかない。

ジュースの注文を取りにスチュワーデスがやって来たので、パイナップルジュースとクラッカーのつまみを食べる。ロサンゼルスまで五時間くらいかかるだろう。旅行社の女性に窓側の席を頼んであったのだが、17Cで真ん中の席の通路側だった。そのためトイレに行くには便利だったが、外の景色は見えない。右側の席にはだいぶ年をとったおじさんとおばさん夫婦が座っていた。座席についてすぐあいさつ。テキサスからハワイに旅行らしい。一、二年くらい前に日本の京都に旅行したとか。新幹線にも乗ったらしい。地図で見たところ、テキサスといってもテキサス州でラスベガスの東側、牛の放牧地らしい。サンタフェという町は聞いたことがあった。

とにかくアメリカは広い、ということは知識の上では知っているが、今度の旅で大陸を横断すれば実際に感じることだろう。ロスのブルーシャトルバスは途中まで乗客はいなくて、それから七人が乗った。ユニオンステーションまで十二ドルと他のお客さんが言っていたし、案内人も言っていた。チケットカウンターに聞いたら、僕の場合は旅行社の切符を持っているので、手続きは必要ないとのこと。

この日のロスの天気は晴れ。時計は今、六時五分前。駅の構内はちょっと豪華な椅子があり、ホテルのロビーのような雰囲気。外観は白塗りの建物で教会みたいだ。夕方になり、ユニオンステーションの入口は少しにぎやかになってきた。夕方発着の列車が多いのだろうか。空は青く、雲一つないロスで、駅の白さが際立っている。人の行き来を見ていると、やはりのんびりしている感じがする。東京都などの人出を見たら、きっとびっくりするだろう。

ユニオンステーションの入口のところに日本人らしき娘さんが二人いたので、「どこから?」と聞いたところ「サンチャゴ」に住んでいると言っていた。自分の写真を撮りたかったので、ユニオンステーションの名前が入るようにシャッターを切ってもらう。だいぶ時間があるので退屈なくらいだ。九時五十五分発Gゲートのライン2　サンセット・リミテッド号。まだ八時にもならない。夕闇が迫る頃になってきた。構内は人声が響き、日本の田舎駅と言った感じだ。金谷の駅みたいだ。ポツリポツリと人がいる程度だ。「サンセット・リミテッド2」と、「テキサスイーグルス22」と、張り紙が椅子のところに貼ってあったので座った。

髭をはやした駅員には見えない長身のおやじさんが、張り紙をはがしていったが、何者だろうか。新しい土地にくると緊張しているのか、お腹が空かない。どうしてこの駅の電気は薄暗いのだろうか。日本の駅構内は本当に明るい。ロサンゼルスの電力事情は良くないのかもしれない。

七月二十六日（月）

八時頃にカウンターで聞いたところ、バスで出発とのこと。列車事故らしい。受付の人の案内でバス乗り場へ急ぐ。何か起きたのかと思った。十二時五十五分頃、田舎の広場みたいなところでようやくバスが止まり、アムトラック（大陸横断鉄道）に乗車した。ユニオンステーションのGゲートから九時五十五分出発予定だったが変更になり、六台のバスに乗客が乗ってきたらしい。インディオというところだ。三時間近くバスに乗ってきたと思う。左の席のおじさんと話す。だいぶ冗談を飛ばすおじさんだ。ヒューストンに行くらしく、おばさんと小学生五、六年生の子どもを連れていた。孫のようだ。貨物列車が脱線したと話していた。乗客の列車より貨物列車が優先されるらしく、おじさんはプライオリティ（優先順位）だと言っていた。ずいぶんおかしな経験をした。

日本の鉄道は時間に正確なのに、こちらの鉄道は古い歴史を持っているのだが、広い大陸なので、万事について大まかだとつくづく感じる。国土が広くて多民族国家なので、まとまりがつかないところがある。それを統一させ、強調するために星条旗を掲げるのではないだろうか。文化的背景が違う人々と移民の集合体なので、多様性があると思われる。

もう夜中の二時を過ぎてしまった。終着駅のニューオーリンズには二十七日の夜の何時頃着くのだろう。ちょっと不安だ。

アメリカの鉄道は人間より貨物が優先なのかと不思議な感じがした。人権尊重の国だと思っていたのだが、日本の場合は、鉄道より人間の方が優先されていると思うがどうだろうか。右隣のおじさんは、僕のことを「東京ボーイ」と呼んだり、大きな声で冗談を飛ばしている。僕がおかしい経験だと言ったためかどうか分からないが。

二十六日の明け方四時頃になって、何のアナウンスもなく動き出す。日本なら、遅くなってすみませんとか何とか、アナウンスがあるのだけれど、ここでは一言も聞かれなかった。どうしてなのだろう。モラルの欠如としか言いようがない。礼儀が欠けているというか、いくら文化的背景だと言っても、こういうことは受け入れ難い。お客さんはお金を払っているし、お客さんに迷惑をかけているのだから、無神経としか言いようがない。ちょっとしゃくに障る。

朝七時八分頃外を見る。ゴツゴツとした岩山と短い枯れ木、薄茶色の土地が果てしなく続いている。まだ寝たりなくて、もっと寝ていたいが外の景色を見る、似たような景色が続く。ここはアリゾナか。ニューメキシコ州だろうか。分からない。ところどころに平屋建ての小屋があるが、人が住んでいるようには見えない。八時頃、小さな町で停車したが、町の名がわからない。日本車が見えて、なんとなく日本人として鼻が高い。ローマ字でYOKOHAMAなんとか。RICEという広告を見た。

とにかく今朝は眠い。十時頃、食堂車へ行く。食事も含まれているので、ホットケーキとティーを注文する。前の席に黒人女性二人が座る。ヒューストンへ行くとか。一人は教会の牧師さんみたいな服装をしていた。一人は秘書とか。オブザベーションカー（展望車）に行ってみる。窓に向かって椅子が並んでいる。現在地はアリゾナのツーソンらしい。駅舎にはほとんど人が見られない。薄茶色の土の肌に雑草が生えている平原と山々が見える。自分の部屋に戻る。少し居眠りをする。ゆうべはほとんど寝ていないため、眠たくてたまらない。そのうち昼頃になったので、食堂車に出かける。満員なので十二時四十五分頃に行ったら、あと三十分くらい待ってほしいと言う。係の黒人男性に「放送で呼び出すから」と言われたので部屋に戻る。

トイレに入っていたらアナウンスがあったので食堂車へ。指定された席に着く。右横には背の低いメキシコ系と思われる男性。前の席はポーランドから来たという父親と高校生の男の子だった。この辺りの風景についてあれこれ話をする。係のスタッフが夕食の予約券をよこし、五時四十五分とメモしてあった。なかなか親切なスタッフの多いことに感心した。黒人スタッフに対して感謝したい。午後二時過ぎ。このへんはまだアリゾナだろうか。ニューメキシコだろうか、単調な景色が続いている。展望車から外の景色を眺める。広大で単調な風景だ。

夕方、メモの通り五時三十分に出かけたところ、時間が変わって六時半とのことだ。それでしばらく待たされた。右横には教員を退職したおじいさん、前の席はフロリダの小学校のおばさん先生と、その横に弟らしき人。スピーチの先生とか、先生同士が四人集まった。

デンバーの高校生の件について女の先生に話したら、弟らしき人が日本では先生が子どもに暴力を加えるんだろ、と聞いてきた。僕は主としてスポーツの先生が時々問題を起こすと話した。

今日はベッドメイキングを頼んだカー・アテンダントの中年女性に二ドル、ディナーの時、黒人のウェイトレスに一ドル、チップを渡した。テキサスに入るらしく、時間をもう一時間早める必要があるとのこと。今は九時五十五分となる。食事の時は見知らぬ人同士、話が弾む。それがアメリカ人らしいところだ。アリゾナの砂漠地帯を通り越して、少しずつ緑の地帯に変わりつつあるようだ。

今は夜の十時半。だいぶ乗ったなあと思う。日本で電車などに乗るのと比べてみてどうだろうか。新幹線で行った修学旅行は、広島や長崎に行ったり、札幌から静岡まで乗ったことを思い出した。ここはアメリカ大陸。鉄道だから事故のない限り、ゆったりとして安全だ。列車事故のためロスからバスで三時間、インディオとかいうところまでゆうべ来て、列車に乗ったため、ニューオーリンズのホテルの予約は大丈夫かとちょっぴり気がかりだけど、仕方がない。とにかく無事に着かなくては、と思う。

七月二十七日（火）

夜中はなかなか眠ることができず、朝方ちょっと寝たような気がする。朝七時頃起きる。トイレに行く。サンアントニオという駅に停車していた。乗客が駅舎の前に数名いるのが見えた。ここは割合大きな町らしい。

七時五十分頃、食堂車に行く。左側はゆうべ右に座った老人だ。正面にはロスから来たという黒人の中年夫人と、小学校一年生くらいの黒人の女の子。外の景色は緑色に変わった。テキサス州だ。山のない、木々の生えた平原地帯だ。農家と思われる住宅が点在している。老人も一人旅で今夜はニューオーリンズに泊まるらしい。住まいはニュージャージーとか。国外は行ったことがないらしい。一番気に入っているところは聞いたら、アラスカだと言っていた。お孫さんや子どもたちがあちこちにいるらしい。話好きな人だ。

朝食が済むと部屋に戻る。左側の窓は北にあたるのか、果てしなく平原地帯が続く。列車はその中をひた走る。平原と言っても十数メートルの木々が所々に生えており、住宅が木々の間に見え隠れする。

時には木すら生えていない牧場地帯が現れる。イギリス郊外の緑地帯と同じく、緑一色の風景が広がって美しい。十二時近くになった。ヒューストンの近くに来ているのか、高速道路が見えた。建物の壁やコンクリートの壁面に落書きしてあったが、日本でも同じような落書きを見たことがある。どこも似ている現象だなと思った。都会の風景はだいたいどこの国も同じようで、田舎の方がその国独特の雰囲気があるように思う。

十二時半頃、昼食を食べに食堂車へ。前の席の黒人女性二人に聞いたところ、ヒューストンはもう通り過ぎたとのこと。ちょっとびっくりした。先ほど長くストップしていたのがそうだったのかもしれない。駅舎も見えず、アナウンスも分からなかった。気を付けなければと思い、ニューオーリンズまで何時間くらいかかるか食堂主任らしき人に聞く。七時間くらいという。カー・アテンダントの中年女性にベッドはそのままにしておくように頼む。眠たいのでニューオーリンズ到着前、七時半頃に知らせてもらうことに。アナウンスの英語が早すぎるので聞き取りにくい。二時半にスナックバー開店。アムトラックの絵葉書、この二つしかもう絵葉書がないとのことだった。売り子の中年男性は、買った後で僕が「サンキュー　ベリー　マッチ」と言ったら「ドウモ」と日本語で返してきたので、この人は日本語をどこで覚えたのだろうかと想像してみた。

今こうしてアムトラックに乗って旅していると、案ずるより産むが易し、と感じる。もう二度と通らない鉄道の旅かもしれないのだが、いろんな人が旅している。小さな子どもから若者、中年のカップル、お年寄り、だいぶ年の多い人も乗っているようだ。スタッフは黒人が多く、また乗客も黒人が多い。アジア系はあまり見ない。やはりアメリカ南部だからかなあと思う。展望車の中は、なかなかリラックスできる。他の国の長距離鉄道の旅も、できたらしてみたいものだ。オーストラリアやマレーシアなどもいいだろう。

絵葉書を買う。四枚で一ドルだ。ラウンジカーでお年寄りのおばあさんと雑談する。ロスにいる娘に会いに行き、ニューオーリンズの自宅に帰るらしい。北回り、カナダ近くのアムトラックにも二、三回乗ったことがあり、自然がきれいだったと喋っていた。

五時頃、夕食を食べに行く。右横に中年女性。フランスかスペイン系か。前には中年男女。スペイン系かフランス系だろうか。雑談しながら食事をした。食事の間隔が短いので、お腹があまり空かない。ご飯はうまくない。魚とポテトが出た。水は美味しい。

八時頃にニューオーリンズに着くらしい。今六時五分前だ。空は薄曇りになってきた。砂糖畑も続く。緑の平原地帯といった感じだ。ルイジアナ州だ。随分遠くまで来たと我ながら思う。

夕食が終わってラウンジカーへ行く。左隣の黒人のおじいさんが話しかけてきた。彼は七十五歳で第二次世界大戦中、ルソン島へ行ったとのこと。航空関係の仕事だったとか。コリアンウォーに行かなくて良かったと言っていた。僕は兄をレイテ島で亡くしたことを話した。昔はアメリカと日本は敵だったが、今は友達だと言って握手をした。

みんな人それぞれいろんな経験をしているのだと思う。嬉しいことや辛いことの経験を。北の空が暗くなり、雷が光ったのを見た。夕立がくるのだろうか。ポツリポツリと雨音がする。間もなく雨が止む。あと三十分。八時十分頃ニューオーリンズに到着という女性のアナウンスがあり、まだ外は暗くなく、明るい。八時四十分頃、ブリッジを渡る。あとわずかで駅だ。九時三十分頃ニューオーリンズ駅に到着。下車し、タクシーでベストウエスタンホテルに到着。チップは一ドル十八セント。フロントで宿泊の手続きをする。明朝五時にモーニングコールを頼んでおく。駅まで歩いて十五分くらいらしい。部屋番号は五百十一番。このホテルは繁華街であるバーボンストリートの角にあり、新宿の歌舞伎町を小さくしたような、あるいは原宿の通りみたいなところだ。ジャズを演奏している店がいっぱいある。
とにかく、ゾロゾロ歩いている人ばかり、飲んでいる人も多い。ホテルにはスタンドバーしかなく、お腹が空いたのでスシバーとか中華レストランがあるか聞いたが、十一時頃でクローズらしい。開いている店でイタリアンピザを食べ、バドワイザーを二杯飲む。ホテルに帰り、お風呂に入る。七時発のバーミンガム行きの列車に乗り遅れないようにしないと――。

七月二十八日（水） 晴れ
五時五分起床。ホテルの呼び出し電話も鳴る。ゆうべは二時頃寝たので、まだ眠い。ホテルのフロントにてクレジットカードを提出し、サイン。六時十分頃、ホテルからタクシーに乗り駅へ。列車に乗る。進行方向左手に海が見えた。右側を見るとものすごく長い橋が架かっていて車が走っている。湖が入り江のように見える。湖を通り過ぎてから緑の木々が多くなった。列車の中はだいぶ空いている。子ども連れの家族が多い。若者や中年男性は車を利用しているのだろうか。あまり見かけない。空いているので気が楽だ。車掌さんにスナックはどこかと聞く。「ワンモア　コーチ」とのこと。「マイ　バッグ　セイフ？」と聞いたらＯＫとのこと。鞄を置いて二両先まで買いに行く。今朝は朝

バーミンガム市内

バーミンガムにて、ホテルの人と

食抜きだったのでお腹が空いた。とにかく空席が多い列車でリラックスできて良かった。両側の窓から、牛がのんびりしているのが見えた。ここはアメリカ南部なのだ。人の様子も気持ちも違うだろうと思われる。ハッティズバーグという駅で停車し、少し人が乗ってきた。

十一時頃になり、メリディアンという駅に着く。ひらけた町で、駅舎が新しい。列車はタスカルーサに向かっているようだ。十二時四十三分頃、駅に着く。小さな教会が見える。駅舎の前に車が数台集まっている。「タスカルーサ」というのが、日本の「助かるーさ」に発音が似ていて面白い。あと三十分くらいでようやくバーミンガムだ。まもなく到着し、タクシーがないか探す。赤い車の若者が寄ってきて案内するとのこと。そのうち、ニューオーリンズ手前で話をした黒人のおじさんが列車から降りてきたので、タクシーの件を聞く。おじさんはここが自分の故郷で、住んでいるのはカリフォルニアらしい。出迎えの甥っ子さんが運転する車に乗せてもらい、ホリデーインへと向かう。ちょっと不安だったが、列車の中で会った人だからと信用して乗せてもらった。ホテルの玄関のところで甥っ子さんに、僕とおじさんの写真を撮ってもらい、別れる。おじさんは、いつか日本へ行った時に案内してくれと言っていた。とにかく、親切な黒人紳士だった。二時四十五分頃、ホテルにチェックイン。ルームナンバーは二三三だ。大きな町なのにタクシーがいないのには驚いた。空港にはいるらしい。ところ変われば品かわる、ということらしい。チェックインする時、背の高い白人が日本語で上手に話してくれた。英語が分からない日本人だと思ったのか。

もう夜の十二時過ぎになる。明日はバーミンガム大学院入試係と図書館へ行ってみようと思う。

七月二十九日（木）　晴れ

朝九時過ぎ、玄関にいるシャトルバスのおじさんが、無料だというので頼み、UAB（アラバマ大学バーミンガム校）へ出かける。キャンパスの雰囲気は、黒人学生がだいぶ活発のようだが、白人の学生はしんみりしている感じがした。一九六〇年代の人権運動発祥の地らしいが、ロスなどと同様に最近はあまり大きな事件は起きていない。

七月三十日（金）　晴れ

今朝も天気は晴れだ。メイドさんがトントンとドアを叩く音で起きた。部屋の中で水を飲まないので水とコーヒーをもらう。チップを一ドルを渡す。黒人の中年女性だ。一時にリチャードさん運転のシャトルバスでＵＡＢビルセンターへ。一時七分頃着き、ブックストアのところで待ち合わせなのだが、キャンパス内のベンチで一時五十分頃まで座っていた。外は猛烈に暑く、歩いてどこかへ行けないくらいだった。

明日は一時頃にホテルをチェックアウトしてアトランタで一泊。ホノルルには八月一日に到着予定。長旅だ。今のところ安全。もう二度と来ない町かもしれない。貴重な経験。就寝十二時十五分。

七月三十一日（土）　晴れ

今日も良い天気。今日はアトランタへ。二時の列車だから一時頃ここを出よう。バーミンガムの人はフレンドリーだが、夏が猛烈に暑いということが分かった。リチャードさんは土曜日で休みらしいが、わざわざ出てきてくれた。シャトルバスを一時十五分頃にしてもらい、駅へ行く。
バーミンガム駅にいた白人の高校生に、アメリカ大統領で一番尊敬するのは誰か聞いたところ、トーマス・ジェファーソンと言った。クリントンは？　と聞いたら笑っていた。もう六時近い。ジョージア州らしい。あたりに家が増えてきた。アトランタに七時頃着く。駅前にタクシーがいない。駅員に聞いたら三十ドルかかると言う。それでバスがいいと言ったら、親切に教えてくれた。バスの終点から列車に乗り換え、終着駅の空港で下車。タクシーでホテルへ。空港のすぐ近くだ。アトランタのホテルに無事着いてほっとした。明日の出発は十二時四十分だ。

八月一日（日）　晴れ
七時二十分起床。アトランタの朝。遠いところまで一人でよく来たものだと我ながら思う。朝風呂に今日も入る。アトランタからロス経由、ホノルルにはデルタエアラインで、午後三時三十八分頃到着だ。念願のアメリカ大陸横断の旅が実現できて本当に良い経験になった。

第三章

ハワイ大で学んだ民族学

ハワイの歴史と文化について

ハワイの歴史と文化は、非常に多彩なモザイクの中で組み立てられていることに気付く。おおまかに言って、ハワイ在住の人種はハワイ原住民が二十数万人、日系アメリカ人が二十万人、フィリピン系も同じくらいで、中国系はおよそ十万人、白人系十万人、黒人が十万人くらい。トータルで約百二十万人。沖縄の人口と同じくらいだ。いろいろな人種がいるが、そこに差別や偏見が存在しないように、心がけなければならない。もともとハワイはネイティブハワイアンの島だった。「フラダンス」の踊りは有名だが、それらは自然を尊敬する心から生まれている。その心は「温故知新」であることを忘れてはならない。

ハワイ大学（ネイティブハワイアン）と北海道大学（アイヌ人）との交流

私が留学したハワイ大学と、アイヌ人研究者がいる札幌の北海道大学は、お互いに関心を持ちつつ、展開している大学と言える。ハワイ大学構内の東西センターというところで、北大の研究グループとハワイ大のグループの展示会が開催されていたのを見て、少しばかり驚いた。「民族学」として表現されていた。

このような国際交流をさらに広めていってほしいと思った。ハワイの歴史と文化は、日本との関わり合いの中においても、非常に関心の高い事柄なのだ。

日系移民の歴史　イン　ハワイ

一八六八年、「元年者《がんねんもの》」と呼ばれるおよそ百五十人の男女が、横浜からハワイに移り住んだ。背景はまちまちであったが、大多数は町人、浪人、そして、さまざまなはぐれ者たちだった。ハワイのプランテーションの一部における「元年者」の扱いは不当である印象が強く、日本政府はその後の日本人の移民を禁じた。再開されたのは、ハワイ政府が日本人移民の保護を約束してからである。その後、日本人を移民させたのは成功であったと証明されたのは、移民開始から十七年後の一八八五年で、長期間にわたる交渉が成功したといえるだろう。

この年の二月、蒸気船シティ・オブ・トウキョウが、約九百人の移民を乗せてハワイに着いた。乗客の多くは若い独身の男性で、三年契約で来たのであった。彼らは一攫千金を夢見て、「夢の国　ハワイ」で財を成し、地位を得て、やがては日本に帰る予定だった。彼らは渡布した〝一世〟たちの第一陣であったが、その後のグループも同様の夢を抱いてやって来た。

こうして日本人移民の数は増加し、一九二四年までにはハワイの全人口の四割近くを占めるまでになっていた。一世たちはサトウキビ農場で低賃金で働き、来る日も来る日もサトウキビの積み上げ、切り取り、断裁、そして焼くことに明け暮れていた。この一世たちの労力と血と汗は耕地発展に少なからず貢献していたのである。彼らの生活はプランテーション内に限られていた。しかし貧困と経済搾取にも関わらず、仲間内での共同意識、仕事に対する誇りと存続の意識が芽生え始めていたのである。そして伝統的な日本の〝家族〟を守り続けるために、写真による花嫁の呼び寄せが行われた。まだ見ぬ夫に会うために花嫁たちはハワイにやって来た。そこで彼女たちを待っていたものは、家族を守り、二世となる子どもたちを産み育てることだけでなく、夫と共に耕地で働くことだった。二世たち若い世代にとっては、文化的成長と〝自己発見〟の非常に複雑な時期であった。家庭では親孝行、家族に対する尊敬、そして日本人の行動の〝想い〟について教えられ、日本語学校では自分たちの親の言葉、日本語を学んだ。一方、公立学校、ラジオ、映画を通して、または他民族の友人を通じて、正義の目的、平等、機会、ユニークな混合民族文化、そしてローカルの言語形態の一部として知られているピジン・イングリッシュを身に付けていった。やがて戦争がハワイの人々の生活全ての面でそうであったように、一世たちの教育をも妨げることになった。

一九四一年のあの日、真珠湾に投下された日本軍の爆弾は、日系人に対する挑戦を示すものであった。さまざまな犠牲が「収容」という形で払われた。第二次世界大戦後、日系二世たちは自分たちのために、そして家族のために、ハワイの社会の中で平等な地位を獲得し、安全の保証を得ようと努力、行動した。戦争はハワイの政治経済組織に先例のないような変化をもたらしたが、二世たちはうまくこれに便乗し、帰還兵に与えられるGIビル（現役軍人を支援するためのプログラム）を使用して教育レベルを高めていったのである。また、終戦後の観光業の成長は、彼らに仕事と事業拡張の場を与えてくれた。こうして二世の男女がより多くの高度な職業に就き始めた。

一九五四年には二世議員を主要メンバーとする民主党が准州議会の上・下両院を手中

に収めた。その後今日に至るまで、近代ハワイの萌芽期を通じて、全ての人々のために大きな役割を果たしてきた。政治的成功は、さまざまな意味において日系人の〝サーガ〟(歴史的物語)の頂点に達したことを示すが、日系アメリカ人の〝サーガ〟とは、一世たちの耕地での体験であり、戦時中の犠牲であり、日本人の受け入れに対する要求と努力であり、また二世たちの成功の物語であった。

しかし、日系人のドラマはこれで終わったのではない。三世、四世たちは彼らなりに日系人の物語のページを繰り広げ始めている。過去の成果と文化的誇りは存続できても、それは新世代を導いていく指針にはなれないということに気づいた三世、四世は、歴史の岐路に立たされ、民族的背景を超えた新しい生きがい、そして人生の意義を探し求めようとしている。そしてハワイの多民族文化のライフスタイルの中に溶け込むことができるように努力しているのである。

日系人と日本人

通常、日系人とは一世、二世、帰米、そして三世、四世と呼ばれ、一世は明治初期にハワイや米本土、ブラジルなどに移民した人々のことを指す。一七九〇年の帰化法により、米国の場合、一九五二年までは帰化することができなかった。日系二世は米国で一世の両親から生まれた者で、アメリカ市民権を所有する。帰米とは、日本で教育を受け、米国に帰った二世のことで、三世、四世もそれぞれ日系人を親に持ち、米国の市民権を所有している者である。

日本人とは、日本で生まれ、日本国籍を持っている者のことだが、時には海外に出向している日本企業で働く日本人のことも、日系企業とか日系人などと呼んでいる。

一八六八年、明治維新により、政府はその目標として、産業の近代化と軍事力増強などのため、高い税金を国民に負担させることになった。特に山口、広島、福岡、熊本、沖縄などの農家の二男・三男は、農業が不振のため海外での成功を夢みて古里を離れて行った。ハワイの場合は、砂糖やパイナップル栽培が主産業で、一九二四年までに日本人移民の数はハワイの全人口の四割近くを占めるまでになった。一世の移民の人たちは、低賃金と過重な労働条件に耐えて、生活しなければならなかった。

三年契約でやってきた独身青年たちは、もともと日本に帰るつもりであったが、中には経済的に帰ることができなくなり、定住のために「ピクチャーブライド」と言って写真交換だけで嫁をもらう者もあった。

昔から、日本人は「勤勉」で「礼儀正しい」国民であり、「義理人情」に厚く、「忍耐」強く、家族や社会に対する恩や忠誠心があるなどと言われた。それらは戦前の日本的価値観の中心を成すものだった。しかしながら戦後、アメリカ民主主義、自由主義、平等主義の思想が入ってきて、若者の価値観はまったく正反対のものに置き換えられてしまった。そのため、伝統的なものに対する尊敬の心が失われ、合理主義的、個人主義的側面が強調されるようになった。日本人よりもむしろ、ハワイ、ブラジル、ペルー、カリフォルニアなどにいる日系人の方が日本的なものに対して憧れを抱き、伝統を大事にしようとする面が見受けられる。

不幸なことに、第二次大戦中、米国西部方面に住むおよそ十二万人の日系人は、敵性国家の人種「イエロー・ペリル」と呼ばれ、すべての財産を没収され、鉄条網に囲まれた拘留場に収容されることになった。しかしながら、ハワイの場合、プランテーション産業を主として日系人の労働力に依存することが大きかったために、収容される数は少なかった。

当時、日系の若者たちは、人種差別の偏見や圧迫に耐えて、米国への忠誠を誓うために、442連隊や100歩兵大隊の部隊を組織して、ヨーロッパ戦線に出向いて行った。数多くの犠牲者を出したものの、その勇敢な行為は移民してきた一世の人たちの心の中にある

「サムライ精神」であり「忠誠心」から生まれたのだ。

わが古里静岡県の掛川市には、二宮尊徳（金次郎）の「報徳社」があることが戦前から知られており、昭和六十三（一九八八）年、掛川駅前にその像が建てられた。ロサンゼルスのチェリーブロッサムフェスティバルを見に旅した時、リトルトーキョーの交差点脇にも二宮尊徳の銅像が立っていて、本当に驚き、感心させられた。日本の若い人たちは二宮尊徳という名を知らない人が多いと思う。小田原生まれの彼は、農民のために働きながら、まきを背負い、本を読み、歩く姿は人々に感銘を与えたのだ。

今ならばそんなことをして歩いていたら交通事故に遭いそうだが、当時の「勤労」を尊び、「晴耕雨読」の精神を表す姿と言える。明治天皇は「父母に孝に　兄弟に友に　夫婦相和し　朋友相信じ」と言い、戦前の明治・大正・昭和に小学唱歌で「手本は二宮金次郎……」と学校で教えたのだ。

それ故に、あのリトルトーキョーの「二宮尊徳」の像は、日本から移民した先輩たちが建てたのだろうか、と想像したものである。日系人は、日本と米国との掛け橋になってくれた。日本人は日系人を通じてアメリカの歴史や文化を学び、逆に日本の文化や伝統を伝えることができる。国と国との交流や、個人と個人の草の根交流などの異文化交流によって、国際間の理解と平和がさらに促進されるよう期待したいものである。

グローバリズムが叫ばれる中、地球上には二百近い国々が「地球村」の住人として存在するが、私たちは国があるからこそ、アメリカ人があり、日本人があることを忘れてはならない。

二〇〇二年、日本でワールドカップサッカー大会が行われ、世界の人々が日本に集まった。それを見て感じたのは、健全な国際化と健全なナショナリズムは本当に必要であるということだ。日本の若者の愛国心は、米国、韓国、中国と比較して、非常に薄らいでいると言われている。「国際化」「国際化」と叫ばれている中、「国とは何か」について考えてみることが求められていると思う。

日系人は、一世、二世などの幾多の苦難の歴史の道のりで、「日系アメリカ人」としての「誇り」を獲得してきた。日系人のルーツである日本の伝統や文化は、多民族国家アメリカの中の日系アメリカ人へと、脈々と引き継がれていると言えるかもしれない。それは過去の出来事から学び、新しい知識を取り入れる「温故知新」の心でもある。

ロスの二宮金次郎の像

第四章

論文　ハワイ大にて

研究計画書　ハワイ日系移民の歴史

概略

論題…「元年者」と呼ばれる最初の移民団が到着したのは一八六八年のことで一八八五年になると移住が本格的に始まり、サトウキビ、またはパイナップル畑で働いた。彼らはコミュニティーを作り、日本の価値観と習慣を守り、過酷な労働に耐え、子どもたちにはもっと良い暮らしをさせたいという希望を持ち続けた。

最初の移民から今日まで、日系人たちは日本とハワイの文化を共有しながら新しい世代へ発展しようとしている。過去を振り返りながら、プランテーションを中心に、ハワイ日系移民の歴史を検証してみたいと思う。

Ⅰ　初期の移民

移民たちは、「天国」と宣伝されてきた新天地を目指し、祖国を後に海を渡った。彼らにこの「出稼ぎ」を決意させたのは、日本での貧しい生活と新天地にかける夢だった。

Ⅱ　移民の増加

一攫千金の夢を抱いていた移民の数は年々増加の一途をたどり、一九二四年までにはハワイ全人口の四割近くを占めるまでになった。一世たちはサトウキビ農場で低賃金で働き、積み上げ、切り取り、断裁、そして焼くことに明け暮れた。

Ⅲ　プランテーションでの生活

彼らの生活は、プランテーション、キャンプの内部に限られていた。しかし、貧困と経済搾取のうちから共同意識、仕事に対する誇りと存続の意識が芽生え始めていた。そして伝統的な日本の「家族」を守り続けるために、写真による花嫁の呼び寄せが行われた。プランテーションでは人種別に分けられたキャンプの中で暮らし、女性たちは農作業をする傍ら、家では料理、洗濯、そして子育てもしなければならなかった。

Ⅳ　コミュニティーの成立

日系人の子どもたちの多くは、公立高校だけでなく日本語学校にも通った。子どもたちは日本語学校で両親の言葉と習慣を学んだほか、公立学校で習ったアメリカの伝統と価値観をより確かなものにしていった。

Ⅴ　第二次世界大戦と戦後

アメリカへの忠誠心を疑われながらも、日系人の多くは勇敢に献身的に、そして自己を犠牲にしてまでもアメリカのために戦った。

戦後、たくさんの日系人たちが活躍し、ハワイに政治的、経済的、また社会的変化をもたらすのに大きく貢献した。多くの人々の努力により、ハワイにおける日系人の社会的位置づけが「一時的な契約労働者」としての立場から、今日のものへと大きく変わった。

さまざまな人種が住むメルティングポット・ハワイでは、人々が互いの文化を共有し、尊重しあって生活しており、ここに定着した日系人たちの文化も、他の文化を享受しながら、新たなものへと発展を続けている。

（付加事項）

問…大学院における研究成果を職業など今後の社会生活にどのように還元することが可能であるかについての展望を付け加えよ。

答…三十何年かの教職経験の途中で退職し、海外留学した結果、学生の身分として今度は学ぶことの苦しみや楽しみを味わってきた。学びたい気持ちは無限にあり、自己の浅学を恥じる次第だが、できることなら再び教壇に立って、今後の社会生活に、次の世代に、知り得たことを還元していきたいと念じている。

論文要旨
―第二次世界大戦に於けるハワイの日系人―

概略

論題…第二次世界大戦中、日系アメリカ人たちはハワイや米本土に設けられた収容所において、大変な苦悶の時期を過ごさなければならなかった。それ故に、これらの問題の役割は、一体何であったのかを知るのが私たちにとって非常に必要なことだと思う。

I　問題の全般的な記述

アメリカは移民の国であり、経済的理由や政治的・宗教的自由を求めて避難してきた多くの民族から成り立っている。そしてアメリカは自由と民主主義の国で、全てのアメリカ人は人間として平等の権利を持っている。しかしながら第二次世界大戦中に、日系アメリカ人に対して人種差別の罪を犯した。真珠湾攻撃をきっかけに始まった第二次世界大戦はハワイ日系社会に大きな衝撃を与え、多くの人々は抑留所に拘束される身となった。一九三二年以降、多くの日系人はＦＢＩや軍によって危険人物であるとして、リストアップされてきた。その人たちは主として教師や商人やジャーナリストなどだった。それにも関わらず日系人は、アメリカへの忠誠を示すために続々とアメリカ軍に志願していった。そして、１００歩兵大隊と４４２連隊は、ヨーロッパ戦線において輝かしい戦果をアメリカにもたらし、日系アメリカ人としての誇りと信頼を確立し、その地位を築いていった。

Ⅱ　大戦前（一八〇〇～一九四一）

A　なぜ移民はハワイに

1　労働力不足

大戦前、ハワイのプランテーション産業は拡大の一途をたどっていた。経済は繁栄していたが、労働力不足の問題が生じてきたのだ。ハワイ原住民の人口は外国からの病気のまん延で減少し、その労働力不足を海外から契約労働者を受け入れることで解決しようとした。

2　悪条件下の日本経済

第二の理由は、十九世紀末の日本の経済が非常に悪い状況にあったことだ。特に広島、山口県などの農業従事者は、高い税金のために土地を売り、二男・三男は出稼ぎに出なければならなかった。

3　移民にとっての利益

そこで貧しい農家の人たちは、手っ取り早く利益を得る方法として、移民を夢見たのだ。最初のハワイへの移民は、シティ・オブ・トウキョウ号による一八八五年二月八日のことだった。

B　ハワイにおける政治状況

1　ハワイとアメリカとの関係

カラカウア王は相互条約を結ぶためにワシントンへ向かった。ハワイとアメリカの関係は、より密接なものになったが、アメリカの政治的圧力に屈しなければならない点が多々あった。

2　日本との密接なつながり

カラカウア王は、日本と関係を結ぶことを望んでいた。そしてアメリカの影響力とのバランスを取ろうと考えていた。日本からの移民の受け入れと、太平洋諸国の発展と強化のために連携を深めようと期待した。

Ⅲ　戦時中（一九四一〜一九四五）

A　ハワイの政治状況

1　アジアを恐れるアメリカ政府

日米関係は悪化し、アジア人は帰化できなくなった。そして十二万人以上のハワイとアメリカ本土に住む日系人は抑留所に入れられた。

2　収容所の日系人

キャンプは鉄条網で囲まれ、銃を持ったガードマンが監視塔にいた。十二万人の日系人が何カ所かの抑留所に入れられた。家族を持つ者は、農場や住宅を売り払わなければならなかった。きびしいルールがあって、苦渋の日々を送った。しかしドイツ系アメリカ人は、キャンプに収容されなかった。

B　人種問題

1　アジア人について米国人の恐れ

アメリカ人はアジアを恐れ、日系アメリカ人に怒りを感じていた。ハワイが日本の植民地になることを恐れ、日系人一〇万人を他島に移動させた。フィリピンやプエルトリコ人に労働力を変えようとする話も持ち上がった。日系人は戦時中、人種差別のために就職することもできなくなってきた。

2　ハワイの日系人

しかしながら日系アメリカ人は人種差別の中で、アメリカへの忠誠を証明するために、軍隊に志願する者が現れた。442連隊と100歩兵大隊は、ヨーロッパ戦線に出征し、勇敢に戦い、輝かしい成果を上げて、アメリカ人としての誇りと信頼を高めることとなった。

Ⅳ　戦後（一九四五～）

A　政治的状況

1　日系人政治家の誕生

スパーク松永氏とダニエル井上氏は、アメリカ上院において最初の日系人であり、ジョージ有吉氏はまた、ハワイ州の知事となった。

2　多くの個人的権利と政治力

戦後、抑留所生活で失われた物と心の両面の損害を取り戻すために、ノーマン峯田氏はそのリーダーとして活躍した。

B　収容所政策の反省

1　憲法上の汚点

戦時中の抑留についての諮問委員会が一九八一年に行われ、その委員会は議会に対して賠償を支払うよう勧告し、一九八八年、存命している元収容者に対し二万ドルの支払いをすることになった。

2　自由の価値

日系人は、人種偏見のために苦しい抑留生活を過ごさねばならなかった。けれどここにきて、ようやくその地位を獲得し、自由の身となることができた。

V　問題の教訓

日系アメリカ人の人種差別を受けた抑留生活での経験は、我々に現在、世界のあちこちで起こっている民族運動や社会不安や貧困、差別の問題に多大な教訓を与えてくれた。どのような環境にいようとも、我々の誰もが幸福な生活を願っているものであり、宇宙時代において同一の運命共同体の中にいるということを我々は十分認識しなければならない。

第五章

卒業式

盛大な卒業式と大学の様子

一九九八年五月十七日。ハワイ大学の卒業式が行われた。入学する時、入学式はどうなっているのだろうと思ったが、ハワイでは各々の事情により入学する時期が定まっていないため、入学式は行わない。

しかし卒業式は父兄や友人など多彩な人達が参加して、盛大に実施されている。卒業式では学生全員が角帽と黒い式典服を着て、学長から一人一人に激励の言葉がつづられた冊子を頂く。これには本当に感激した。私の場合、静岡の田舎から兄二人がわざわざ来てくれて、感謝の気持ちでいっぱいだった。

英語の Commencement は、卒業式や学位授与式のことを言うが「開始する」「社会に出ていく」という意味もある。

卒業式は広いキャンパス内にある建物で行われた。わざわざ日本の静岡から参加してくれた兄たちを伴って、下宿のカシワさん宅から歩いて数分で行けるキャンパスへ、遅れな

卒業式典前の会場

いようにと急ぎ足で出かけた。学生たちは三々五々、父兄や友人と一緒に来る者が多く、日本の大学とは違った雰囲気だった。入場する学生は学部・学科別などに分かれて整列し、父兄は参観席の方に分かれて入っていった。

そのため、どの辺に兄たちが座っていたのか分からなかった。騒々しかった場内も式の開始時間が近づくにつれ静かになり、まず最初にハワイアンの人たち数人が民族衣装を身にまとった格好で儀式が始まった。学長は学生一人一人を激励し、祝福してくれた。

およそ千人くらいの学生が巣立って行っただろうか。二時間くらいで式が終了し、父兄と学生そして職員たちは、近くにある広いグラウンドに散らばっていった。大勢の中でどのようにして見つけ出したのか、親しくしていたノーマン金城君がお祝いに駆けつけてくれた。そして私の首にレイをかけてくれたのが本当に嬉しかった。ノーマン君とは、美術の授業で出会ったのがきっかけで、学習上の疑問点などについて親身に相談に乗ってくれてありがたかった。もう一人、移民に関する授業で熱心に教えてくださった先生に、卒業することを連絡していたが、何か用事でもできたのか、残念ながらお目にかかることができなかった。

明るい太陽の下で、卒業生は父兄や友人たちに囲まれてグループごとに談笑し、歓声を上げていた風景が強い印象として私の心に残っている。五月のハワイは、静岡の五月と似ている。明るく爽やかな天候で、それが一年中続いているように思われた。入梅の時期がなくて雨も少ないという恵まれた気候から、観光客に人気が高いのだ。

教養科目が必修なので自分の得意でない数学や哲学などを勉強しなければならなかったことは本当に大変だった。大学院ならば専門科目だけで良かったのだが、とにかく三科目の赤点を取り戻し、卒業を目指して、諦めずに単位を取得できたことは本当に感慨深いことだった。粘り強く、「七転び八起き」の気持ちで頑張ったことが良かったと思う。

交歓会が終わってから兄二人と一緒に大学近くの食堂に出かけていき、乾杯した。日本の大学の卒業式に比べてハワイの方が華やかな感じがした。なんだか高校生に戻ったよう

卒業式典後５番目の兄と

卒業式典後４番目の兄と

な気がした。とにかく盛大な卒業式で、関連した職員の皆様に感謝したい。

こうして、卒業できたのはみなさんのおかげと感謝している。

休みに日本に帰る都度、姉は心配して見送ってくれた。ハワイでは下宿の人たちが学生たちのことを常日頃から気遣ってくれ、本当にありがたかった。下宿からほんの数分の距離の大学なので、たびたび図書館に出かけた。シンクレア図書館はキャンパス入り口近くにあり、一般の人たちもロビーの新聞置きのところで新聞を読んでいた。ハミルトン図書館はキャンパスモールを通り過ぎて行くと左手にある。四階にはアジア関係の書物がたくさんあって、日本の新聞雑誌も置いてあった。たびたび出かけて勉強した。落ち着ける雰囲気のところだった。近くには「パルム食堂」があって、昼食時や放課後には学生や職員たちで賑わっていた。緑の芝生が多いキャンパスは、まるでピクニックを思わせる雰囲気で心地良く、みんなの憩いの場だった。

校内を走るイエローバスは六番線。「イースト　ウエストロード」経由で、さらに学内専用で学生のみ利用できる寮との往復バスも運行している。ハワイ大学では、ヤマハのバイクに乗っている学生たちが非常に多いのに驚いた。故郷の静岡で造られたバイクを、ハワイの学生が利用しているのを見ると、何か嬉しくなった。キャンパスで見かける学生は「ロコ」と言われるハワイ出身の学生と、本土と留学生とに分けられる。アジア系が非常に多く、中国、韓国、日本からの留学生は、見た目には区別しづらかった。

知り合った人の中で印象深かったのは、七十八歳という「アジア研究」学科の日系人女性。そして数学が赤点だったために代わりに学んだのが哲学で、哲学研究室の職員から紹介してもらった、自分よりちょっと年上に見える白人の大学院生だった。先生は旭川に住んでいたことがある人で、アイダホ出身という。シンクレア図書館の二階のデスクで個人指導して頂いたことを覚えている。

卒業後、日系人女性と先生の消息がつかめていないのが残念だ。いつか会って話したい

卒業証書を受け取る著者

と思っても会えないのは寂しいものだ。それが人生なのか……。

キャンパスセンターにあるブックストアには何回も出かけた。店長さんやカウンターのスタッフとも顔なじみになったが、今頃どうしているだろうか。懐かしく思う。シンクレア図書館の近くにはレストランがあり、他の食堂と違い、ここでは区域内でならビールが飲めた。日本の大学ではアルコール類などキャンパスで飲むことは禁じられていると思うのだが……。

二〇〇七年、ハワイ大学はマノア校以外にヒロ校、ウエストオアフ校の四年制大学と七校のコミュニティーカレッジで構成される全十校からなる総合大学となっている。

学生数は五万人を超える。留学生は全体の約

ハワイ大学キャンパスにて

五％で、そのうち日本人留学生は約五〇〇人が在籍している。ハワイ大学の付属研究機関である東西文化センターには、アジア太平洋地域出身の研究者や大学院生が在籍し、その名の通り東西の交差点としての役割を担っている。土地柄を反映した学部としては、熱帯農業学部、海洋学部、観光学部などがあり、中でもハワイ、アジア太平洋研究科は有名だ。日本研究センターもあり、多くの学生が在籍している。

ハワイ大学では提携校の甲南大学や桜美林大学などに毎年学生を送り出している。その他、同志社大学、広島大学、京都大学などから交換留学生が来る。日本に関する科目を教えている教授も多く、人気を得ている。歴史的にもハワイと日本は非常に関係が深いので、興味を持つ学生も多い。日本語を取得しようとする学生も全米一と言えるほどだ。さまざまな民族文化が共存するハワイ。その大学のいろいろな分野においても多様性の傾向が見られるのが特色だ。東西センターや日本研究センターにおいては、よく日米間に関わる政治経済や歴史文化などによる講演会、セミナーが行われ、大変勉強になった。

ハワイ大学に入学する全ての留学生は、正規のコースを学ぶ前にＥＳＬ（留学生のための英語）コースを修了しなくてはならない。最初の二年間は教養科目が中心だったので、自分の不得意な理数系学科を学ぶことは本当につらかった。

数学と哲学と言語学の三科目は単位が取得できなくなり、次の学期に学び直すことになった。そのため、滞在期間も延長しなくてはならなくなり、学業を諦めようと思ったこともあった。が、ここで諦めてはならないと考え、再起を図った。多くの科目の中で美術の実技の時間は、絵画の制作が自由にできるので、楽しみの一つだった。

クラスによっては、大勢の学生が受ける授業があり、講義はマイクロホンを使って行われる。講義の後でグループ活動が行われ、大学院の学生たちがアシスタントをしてくれた数少ない授業だ。例えば一つの問題に対してグループが二つに分かれて賛成と反対それぞれの意見を述べ合う。自分の考えと違っていても、どちらかの側に属して議論に参加することになる。

ハワイアン研究のクラスでは、キャンパス内にある畑に出かけて実習関係の職員からタロイモの生育や歴史などについて学んだ。このクラスを選択する学生は、ロコの人が多かった。ハワイアンスタディの学科は、ハワイ大学の中でも特色ある地域と関連の深い学科として扱われている。ネイティブハワイアンは、本土のアメリカインディアンと共通する歴史を持っている。ハワイアンをルーツに持つ子どものみが通学する学校も存在する。そこではハワイ独特の歴史と伝統を尊重し、受け継いでいくことを目的としており、ハワイ語を学んでいるのがカメハメハスタイルだ。それ故、ハワイ語を勉強する学生も多い。ハワイ語研究の大学院は、ハワイ島コナ市のハワイ分校にある。

The University of Hawai'i
on the recommendation of the Faculty at
University of Hawai'i at Mānoa
have conferred upon
Shun-Ichi Matsumoto
the degree of
Bachelor of Arts
Ethnic Studies
with all its privileges and obligations
Given at Honolulu, Hawai'i, this seventeenth day of May,
nineteen hundred ninety-eight

Chairperson, Board of Regents

President and Chancellor

卒業証書

ホノルルの博物館は、ハワイの歴史を知る上での宝庫だ。それ故、観光で訪れる人が多いと言われている。マノアキャンパスの学生寮から東へ行くと、ハワイアンスタディ学部のオフィスが道路沿いにある。そこを訪ねればハワイアン研究についてのアドバイスが得られるだろう。

以上、盛大なハワイ大学の卒業式の様子と、大学生活の一端を紹介した。

マハーロ（ありがとう）とアローハ（どうぞ）のスピリットを心に言い聞かせたいと思う。

あとがき

第二次大戦で戦死した兄への想いと、留学で経験した中での平和への願い

旧日本海軍〝山城〟戦艦乗組員千五百名、生存者十名。第二次大戦中、一九四四年十月二十五日、アメリカ海軍によってフィリピン・レイテ島の海に沈没させられました。当時兄は二十三歳。兄はレイテの海の下に未だ眠っています。祖国日本を守るため兄は亡くなったのです。それ故、私は世界人類が平和でありますようにとお祈りしています。

おしまいに言いたいことは、ただただ「平和への願い」です。留学の理由

は第二次大戦開始の地がハワイであり、私自身、大戦で亡くなった遺族であり、フィリピンで若くして亡くなった兄の存在があったからです。世界中の国々から集まってきた留学生も、日系アメリカ人たちも、皆さんそれぞれ「平和への願い」を持っています。にもかかわらず、現在でも世界のどこかで戦争が行われています。ハワイ大学のキャンパスの片隅に小さな文字で「世界人類が平和でありますように」と書かれていたのが忘れられません。

それと共に、日系アメリカ人もずいぶん苦労されているということです。戦争をなくすためにはどうすればいいのか、いろんな人の考えを聞きたいものです。解決の方法はないのでしょうか。小さな子どもたちも喧嘩をします。その大きなものが戦争ではないか、と考えたりします。

誰もが好んで戦争をしているのではないのに、人類の歴史の中には戦争が浮かんできています。これは人間の「サガ」というものでしょうか。そのために人は悩み苦しみます。

戦争は国の指導者が誤った方針を取れば始まるものです。国民はそれこそ被害者として心身の痛手を被るわけで、何としてでも戦争をこの地球上からなくさなければならないと思います。

ハワイの日本語放送でも、数々の新聞でもパールハーバーの記念特集や記事が多いのですが、「人間のエゴイズム」という戦争は、人間の心から発していることを、私たち一人一人が認めなければなりません。雨や曇りの日に、青空が見えてくると本当に心が安らいできますが、そのような気持ちを忘れないで生きていきたいと思うのです。

本書を出版するにあたり、ご尽力いただいた静岡新聞社編集局出版部の佐野真弓さん、瀧戸啓美さんに心から感謝申し上げます。

再度言いますが、これまで書いてきたことで言いたかったのは、「平和への願い」です。そして「戦争に勝者なし」。

第二次大戦中、あまりにも若くしてフィリピンのレイテ島で戦死した兄への想いと、留学を経験した中での日系人や現地の人々への「平和への願い」を込めて。

松本俊一

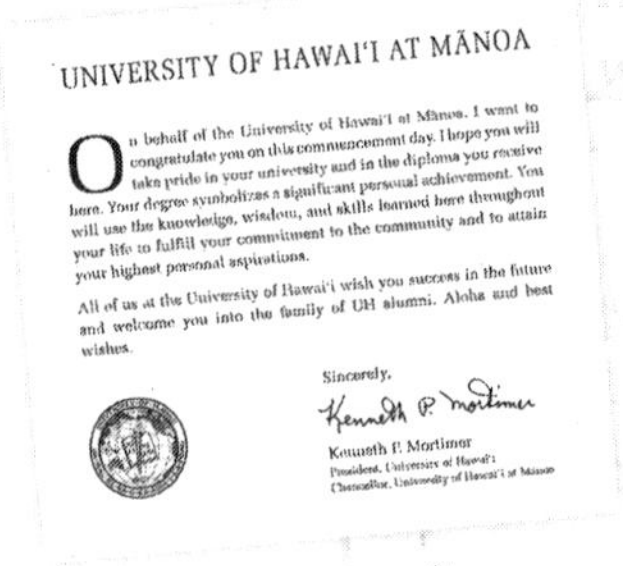
UNIVERSITY OF HAWAI'I AT MĀNOA

On behalf of the University of Hawai'i at Mānoa, I want to congratulate you on this commencement day. I hope you will take pride in your university and in the diploma you receive here. Your degree symbolizes a significant personal achievement. You will use the knowledge, wisdom, and skills learned here throughout your life to fulfill your commitment to the community and to attain your highest personal aspirations.

All of us at the University of Hawai'i wish you success in the future and welcome you into the family of UH alumni. Aloha and best wishes.

Sincerely,

Kenneth P. Mortimer

Kenneth P. Mortimer
President, University of Hawai'i
Chancellor, University of Hawai'i at Mānoa

卒業証書を手に

ワイキキビーチにて

ワイキキビーチのココナッツの木

日系アメリカ人のカネシロくん

レイテ島で戦死した兄

袋井商の定時制の教え子たち

島商の英語の先生たち

最後の赴任地・島田商業高校

松本俊一

昭和26(1951)年　榛原郡五和村立五和中学校卒業
昭和29(1954)年　県立島田高等学校卒業
昭和34(1959)年　静岡大学教育学部卒業
小学校、中学校、高校教論を務める
平成10(1998)年　米国ハワイ州立大学民族学科卒業

ココナッツの木の下で

56才からのハワイ大学留学記

2023年 9月 15日発行

著者・発行者　松本俊一
発売元　静岡新聞社
〒422-8033 静岡市駿河区登呂 3-1-1
TEL 054-284-1666
印刷・製本　橋本印刷所

ISBN 978-4-7838-8076-9